BEI GRIN MACHT SICH IHR WISSEN BEZAHLT

Sebastian Möller

Produkt- und Programmpolitik

Klausurvorbereitung

GRIN Verlag

Bibliografische Information der Deutschen Nationalbibliothek:

Die Deutsche Bibliothek verzeichnet diese Publikation in der Deutschen National-
bibliografie; detaillierte bibliografische Daten sind im Internet über http://dnb.d-
nb.de/ abrufbar.

Impressum:

Copyright © 2014 GRIN Verlag GmbH
Druck und Bindung: Books on Demand GmbH, Norderstedt Germany
ISBN: 978-3-656-82957-7

Dieses Buch bei GRIN:

http://www.grin.com/de/e-book/282960/produkt-und-programmpolitik

GRIN - Your knowledge has value

Der GRIN Verlag publiziert seit 1998 wissenschaftliche Arbeiten von Studenten, Hochschullehrern und anderen Akademikern als eBook und gedrucktes Buch. Die Verlagswebsite www.grin.com ist die ideale Plattform zur Veröffentlichung von Hausarbeiten, Abschlussarbeiten, wissenschaftlichen Aufsätzen, Dissertationen und Fachbüchern.

Besuchen Sie uns im Internet:

http://www.grin.com/

http://www.facebook.com/grincom

http://www.twitter.com/grin_com

Klausurvorbereitung Produkt- und Programmpolitik

Grundlagen
1. Moderne Marketing Denkhaltung
Marketing ist die Planung, Organisation, Durchführung und Kontrolle (Management) aller Aktivitäten mit der Absicht der Erreichung psychographischer und/oder ökonomischer Vorgaben (Zielorientierung), durch den Aufbau, Unterhalt, Ausbau oder Wiederherstellung von Geschäftsbeziehungen mit jeweils relevanten Anspruchsgruppen in Beschaffung, Produktion, Absatz, Umfeld und Medien. (Ziel: Marketing soll sich dahin entwickeln)

<u>Entwicklungsphasen</u> (Marketing 1- 5)
1. *Absatzorientierung* → Stimulierung des Waren-,Geld- und Informationsfluss
   ❖ Marketing als Absatzpolitik auf Käufermärkten greift zu kurz, Eingehen auf Nachfragerseite erforderlich.
2. *Marktorientierte Unternehmensführung* → Unternehmen dann erfolgreich sofern Bedarfe der Nachfrager erkannt werden (Outside-In)
   ❖ Problematisch, da Nachfrage nicht genau wissen was ihre Bedarfe sind und diese rasch wechseln
3. *Aktive Marktgestaltung* (z.B. Gefrierbrand – Melitta tüten) → (= aktueller Sicht in der Praxis) (Inside-Out)
   ❖ Schaffung von Problemen für Nachfrager mit zeitgleicher Bereitstellung der Lösung auf Basis eigener Kernkompetenz
4. *Marketing als Kundenbeziehungsmanagement* (=Beziehungsmarketing)
   ❖ Management von Austauschprozessen mit unternehmensinternen und externen Partnern auf Absatz- und Beschaffungsmärkten und in der Öffentlichkeit (= aktueller Ausrichtung in wissenschaftlicher Literatur)
5. *Generic Marketing* → nicht auf ökonomische Aktivitäten begrenzt sondern jegliche Austauschbeziehungen
   ❖ wird trotz tatsächlicher Berechtigung aus Zweckmäßigkeitsgründen derzeit nicht näher diskutiert

<u>Anspruchsgruppen</u> *Intern* (Eigentümer, Management, Mitarbeiter) / *Extern* allgemein (Kreditoren, Bürger, Händler, Endabnehme) –„Haben konkret Macht ihre Ansprüche durchzusetzen"
<u>Ziel des Marketings</u> → Beziehungskreislauf 4 R's = Kundenwert (Eigentliche Vermögensmasse jedes Unternehmen)
1. Kundenaquisition (Recruitment) = Erst Kauf
2. Kundenbindung (Retention) = Wiederholungskauf
3.Kundenentwicklung(Reinforcement) = Kundenwertsteigerung
4.Kundensicherung (Recovery) = profitable Kunden sichern/zurückgewinnen
<u>Instrumente:</u> 4 P's/7 P's
-Angebotsgestaltung/Absatzvorbereitung = Produkt- und Programmpolitik
weitere: Preis, Kommunikation, Distribution
7P's: Prozess, Personal, Präsentation

2. Unterscheidung von Innovationsarten im Vorfeld einer Produkteinführung

<u>Grad</u>: Marktinnovation, Unternehmensinnovation
<u>Art</u>: Produktinnovation, Verfahrensinnovation
<u>Ausmaß</u>: Durchbruchsinnovation (Neuheit), Detailinnovation (Weiterentwicklung)

Produkt-Submix im Marketing
Produkteinführung
❖ zunächst wird neue Angebotsidee benötigt (entsteht durch interne oder externe Anregung - Ideenquellen)
❖ Sofern keine tragfähige Ideen für Neuprodukte → Anwendung von Kreativitätstechniken (Quantität statt Qualität)
   o Brainstorming, Methode 6-3-5, Morphologischer Kasten
❖ Ergebnisse werden im Anschluss gesichtet und bewertet
   o *Screening* (Vorauswahl der Ideen anhand der Realisierbarkeit (→Erstellung einer Shortlist); Problem → tolle Ideen können durch das Raster fallen
      z.B. → Post-It-Zettel [3M] - Kleber klebt nicht / Wick MediNait - Alkoholgehalt zu hoch
   o *Scoring* (Priorisierung anhand von Beurteilungskriterien) Bewertungsverfahren (Idee mit höchster Punktzahl verfolgen), proaktive Steuerung der Ideensammlung zur Generierung von Wettbewerbsvorteilen
❖ F & E (Umsetzung der Ideen benötigt Forschung & Entwicklung) Generierung neuen Wissens/ technische Erkenntnisse und Entwicklung praktischer Problemlösungsprodukte bis hin zur Erprobung

- ❖ Markttest (Ermittlung der Produktakzeptanz, Absatzpotenzial eines Neuprodukts, Preisdurchsetzbarkeit und Werbewirkung)
- ❖ Erstellen einer Absatzprognose (allgemein begründete Vorhersagen über das zukünftige Eintreffen von Situationen am Markt) (Prüfung der Wirtschaftlichkeit auf Liquiditätswirksamkeit, vollkosten und Gewinn)
- ❖ Angebot: Launch, Variation, Elimination (Produktlebenszyklus)

3. Ideenquellen für Neuerungen – Zur Findung neuer Produktideen

Betriebsintern (aus dem eigenen Unternehmen heraus) Primär/Sekundär

- ❖ Ideen der eigenen Person (Seripenditätserfindungen) → Abfallprodukt ‚Viagra' (sehr selten) [P]
- ❖ Eigener Außendienst - Informationen über Wünsche und Bedürfnisse des Kunden [S]
- ❖ In Auftrag gegebene Markt- und Konkurrenzstudien [S]
- ❖ Absatzkennzahlen und Kundenstatistiken [S]

Betriebsextern (alle Informationen von außen)

- ❖ Reverse Engineering - Produktkauf und Auseinanderbau → Veränderung → Verkauf (z.B. China) [S]
- ❖ Competitive Inteligence (legal - Kunde ausfragen, tw. illega - Wettbewerb anrufen , illegal - Datenklau Praktikum) [S]
- ❖ Workshops mit Kunden [P]
- ❖ Crowdscourcing (Programm mit Rahmenbedingung lasse ich andere öffentlich Entwickeln [P]

Keativitätstechniken
Ideenauswertung

4. Forschung und Entwicklung Aktivitäten und Prozesse die zu neuen materiellen und immateriellen Gegenständen führen
Inhalte:
(1) Grundlagenforschung → praktische Anwendbarkeit steht zu Beginn nicht fest   *[F&E Management hier am höchsten]*
- ❖ Gewinnung neuer wissenschaftlicher /technischer Erkenntnisse bzw. Erfahrungen
- ❖ teuer / langwierig / aufwendig / daher für Großunternehmen./ i.d.R. nicht schützbar / neues Wissen (Grund für Konzentrationsdruck)
- ❖ wird an Hochschulen betrieben
- ❖ Beispiel: Entwicklung neuer Technologie (Navigation)
(2) Angewandte Forschung → praktische Anwendbarkeit ist bereits bekannt
- ❖ Gewinnung und Weiterentwicklung von Wissen und Fähigkeiten zur Lösung praktischer Probleme (in Technik)
- ❖ Stützen sich auf Ergebnisse der Grundlagen Forschung und sind ggf. Erfindungen welche schützbar (Patent) sind
- ❖ Wird an anwendungsorientierten Hochschulen betrieben (FH)
(3) Entwicklung → Nutzung der Erkenntnisse/Erfahrungen für Anwendung in neue Produkte und Prozesse
- ❖ Prüfung technischer Umsetzbarkeit (Bezieht sich auf nächste / übernächste Produktgeneration)
- ❖ Hat Nutzung der Erkenntnisse und Erfahrungen für Anwendung in neue Produkte zum Ziel → Ergebnis: Prototyp
(4) Erprobung
- ❖ Prüfung der wirtschaftlichen Tragfähigkeit durch Lastenhefte (Was? - Anforderungen) / Pflichtenkataloge (Wie? - Realisierung der Anforderung) / Handmuster, Vorserie, Nullserie, Serienlauf
- ❖ Am Ende steht ‚Go' (tragfähig, wirtschaftlich) - ‚No Go' - oder ‚On' Entscheidung (Grundsätzlich ja, nur bessere Umsetzung nötig)

F&E-Management → bildet Schnittstelle zwischen Wirtschaft und Technik
Strategie: Market driven / pull → passiv / konservativ | Technology driven / push →aktiv!

Innovationsneigung
- ❖ Jeder Parameter bis auf die Zeit kann aufgeholt werden (Vorteil liegt beim Innovator) unabhängig ob das Produkt schon ausgereift ist oder nicht, dennoch ist Innovator nicht zwingend erfolgreicher als Early Follower (50/50) Beispiel: Smartphone
  1) Innovator (First mover) → Keine Konkurrenz / Preisspielräume →; Beispiel: Steve Jobs (Apple Computer, Iphone)
  2) Early Follower (etwas Risikoscheu) → Camcorder mit größerem Suchdisplay ;Beispiel: Samsung Galaxy
  3) Late Follower (auch Modifikator)
  4) Nachzügler (Lagert) Beispiel: Nokia (Lumia)

Budgetierung/ Organisation → Argumentation der Budgetplanung bzw. der Investition

Risiken (Technik nicht machbar/ Kosten zu hoch/ Zeit zu lang(andere sind schneller)/ Wirtschaftlichkeit mit F&E rechnet sich nicht)
Chance → Serendipitätserfindung (Folge zufälliger und ungeplanter Forschungsaktivitäten)

Weitere Arten von F&E   K – E – L – A – G
Eigen-F&E
❖ VT: Erworbenes Wissen kann komplett allein genutzt werden
❖ NT: relativ hohe Fixkosten und hoher Personalaufwand / F&E-Risiko geht zu Lasten des eigenen Unternehmens
Auftrags-F&E Outsourcing, da ich keine Kapazitäten habe (Öffentliche Institute z.B. Frauenhofer)
❖ VT: keine eigene kostenintensive F&E / Mögl. zur Erzielung von Skaleneffekten auf Spezialgebieten
❖ NT: Gefahr ungewollter Wissensdiffusion / Entwicklungserfolg nicht direkt beeinflussbar / Abgabe eigner Kernkompetenzen
Gemeinschafts-F&E Gemeinschaftskooperation → gehört allen Teilnehmern
❖ NT: Abhängigkeit / Verlust Eigenständigkeit bzw. Flexibilität / hohe Transaktionskosten durch Infoaustausch / Verlust des
  eigenen Wissensvorsprungs / Imageverlust bei falscher Partnerwahl
Lizenz Nutzung von Lizenzen mittels Zahlung einer Lizenzgebühr (pauschal oder variabel)
❖ VT: keine eigene kostenintensive F&E / schnelle Beschaffung von Spezialwissen /
❖ NT: Nicht jede Wissensübernahme ist möglich / begrenzte Nutzbarkeit der Schutzrechte / erheblicher Zeitaufwand bis zum
  Lizenzerhalt / keine wettbewerbliche Differenzierung → Verlust Exklusivität
Kauf: Know-How wechselt den Besitzer
❖ VT: keine eigene kostenintensive F&E /Möglichkeit zum Ausgleich interner Wissensdefizite
❖ NT: Gefahr der Wissensdiffusion / Abhängigkeit vom Wissensmonopol des anbietenden Innovators / Aufgabe
  wertschöpfender Aktivitäten

Technologieentwicklung

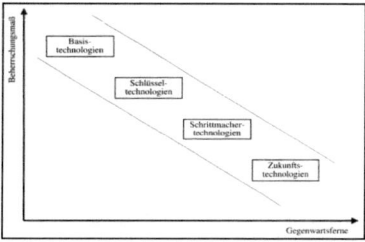

Technologiearten
❖ Einteilung nach Beherrschungsmaß und Gegenwartsferne

o Basistechnologie → entsprechen dem Stand der
  Technik - Muss ich können!
o Schlüsseltechnologie → noch nicht am Markt
  (nächste Generation)
o Schrittmachertechnologie → Versprechen dramatischen
  Umbruch (z.B. Windenergie)
o Zukunftstechnologie → Sci-Fi (Grundlagenforschung
  wird bereits betrieben)

Technologieabfolge → Vorlaufzeiten werden immer Länger und Vermarktungszeitraum immer kürzer
Mögliche Auswege
Simultaneous Engineering (SE): keine Abfolge der Arbeit, sondern Verschachtelung der Prozesse (→ Simultan= kürzere Vorlaufzeiten)
Relaunch: Bei nachlassender Wachstumsdynamik → Altes Produkt durch neues ähnliches ersetzen (Golf 6 und 7)
❖ Präsenzphase am Markt kann gestreckt / erhöht werden 0= länegerer Vermarktungszeitraum
Leapfrogging:
❖ Bei Feststellung eines Late-Followers → Eine Produktgeneration überspringen und gesamten Investitionen in neue
  Produktgeneration stecken (Alt-Market überspringen in die Pre-Market Phase investieren)
❖ Verlagerung von Lebenszyklen (kurzfristige Nachteile vs. langfristige Vorteile → First-Mover-Advantage) = höhere
  Wachstumsraten bei neuem Produkt

Substitutionszeitkurve → soll Prognose über zeitliche Ablösung eines Produkts durch ein anderes erlauben
❖ Wenn Unternehmen am Zeitpunkt ‚t1' von bestehender auf neue Technologie springt, kann es sein, dass Technologie
  zunächst leistungsschwächer ist, in der Entwicklung aber deutlich höheres Wachstumspotenzial besitzt
❖ Markteintritt [geringer Marktanteil] / -penetration [Beginn Substitutionsprozess] / -sättigung [vollständige Verdrängung]
❖ Beispiel: Computerindustrie (Rechenleistung der Chips verdoppelt sich alle 2 Jahre)

Technologieabfolgen
❖ Entwicklung gerät an die Grenzen der Sinnhaftigkeit (z.B. Luftverschmutzung)
❖ Problemstellung: Kann neue Technologie Gesamt- oder nur Einzelwirtschaftlich genutzt werden?
❖ Jede machbare Technologie kann individuelle Nachteile bedeuten (daher nicht zwingend umsetzen)
❖ Konflikt zwischen ökonomischer Rationalität und gesellschaftlicher Verantwortung

5. Markttest (Ziel: reliabel und valide)

Erhebliche Bedeutung in der Praxis zur Ermittlung:

-der Produktakzeptanz,

-Absatzpotenzial eines Neuprodukts,

-Preisdurchsetzbarkeit

-Werbewirkung

Regionaler Testmarkt: probeweiser Verkauf auf räumlich abgegrenzten Markt mit Ziel Gewinnung von Erkenntnissen über Marktgängigkeit eines Produkts bzw. der Wirksamkeit von Marketinginstrumenten vor Produkteinführung

❖ <u>Wichtig</u>: Isomorphiebedingung (Nachfrage / Handel / Wettbewerb / Medien) → auch auf Gesamtmarkt vorhanden!

❖ <u>Problem</u>: hohe Kosten für Mediaeinsatz, Produktvorrat, Logistik / mangelnde Geheimhaltung – gezielte Störaktionen / mangelnde Isolierbarkeit / kein Kontrollmarkt / Übertestung / regionale Verbrauchsabweichungen

❖ Hochrechnung durch Relation Testmarkt zu Gesamtmarkt (Bevölkerung / Kaufkraft Absatzverhältnis eigene Absatzmenge zu Konkurrenzprodukt / Marktanteil / Wiederkäufer

Zudem wird Relevant Set (Markenrahmen aller Artikel, die ein Käufer kennt als kaufbar ansieht und daher in Erwägung zieht zu kaufen → begrenzt) dem Kunden vom Tester vorgegeben. Regionale Testmärkte stoßen aufgrund ihrer restriktiven Voraussetzungen jedoch rasch an reale Grenzen. Daher werden zunehmend Testmarktersatzverfahren eingesetzt

Testmarktersatzverfahren verzichten auf den hohen, ohnehin kaum einzulösen- den Anspruch der Gebietsverkaufstests und suchen stattdessen praktikablere Wege.

1. Testmarktsimulation: Studiotest (wirklichkeitsgetreue Nachbildung der Marktrealität - Einrichtung eines Raums) und dessen Durchspielen in realitätsnaher Weise (z. B. mit Einkaufsgutscheinen für Testpersonen).

Inhalt: Anwerbung der Testpersonen, Erstinterview zu produktgruppenbezogenen Einstellungen und Verhaltensweisen, Konfrontation mit dem neuen Produkt (Kaufsimulation im Konkurrenzumfeld, gekaufte Produkte müssen, unter Anrechnung der Gutscheine, mit eigenem Geld zu realen Preisen bezahlt werden), Nachkauf-Interview (Kauf- bzw. Nicht- kaufgründe erheben), Testpersonen sollen Produkte im privaten Umfeld praktisch einsetzen, Schlussinterview (Produktbeurteilung), zweite Kaufsimulation (Wiederkaufneigung) . Aus Erst- und Wiederkaufraten mutmaßlichen Markterfolg hochrechnen.

VT: schnelle Verfügbarkeit /Häufig durchgeführt / Anpassungen im Testverlauf /geringe Kosten / Geheimhaltung / Kontrolle von Störgrößen / Auswahl des Relevant Set / kein Handelseinfluss / individuelle Reizpräsentation

NT: nicht alle Mix-Instrumente testbar / Kommunikationsreichweite 100% / einmaliger Werbemittelkontakt / künstliche Rahmenbedingungen (geringe externe Validität) / nur FMCG's / kleine Fallzahlen / kein Test Handelsakzeptanz

➤ Floprate bei 90%, dennoch werden Tests aufgrund des Sicherheitsgefühls durchgeführt (auf MaFo verlassen)

2. Storetest: probeweiser Verkauf neuer / veränderter Produkte bei ausgewählten Händlern mit ausgewählten Marketinginstrumenten und kontrollierten Bedingungen in realen, angeworbenen Geschäften (50-60) → Nur Messung des Abverkaufs!

Ablauf: Bevorratung der Geschäfte mit dem Testprodukt + Ermittlung des dortigen Kaufumfangs. <u>Häufig</u>: Design aus zwei Testgebieten (Handelspanels) mit Geschäften angewendet, die ansonsten vergleichbar sind, und in zwei Zeiträumen abwechselnd mit dem alten und dem neuem Produkt abgedeckt werden

➤ Beispiel: Werbe- und Kaufsimulation von Cola, mit neuer und alter Verpackung;

3. Mini-Markttest: zweiseitiger Storetest mit Handels- und Haushaltpanel; neben der Abverkaufsseite auch die Reaktion der Abnehmer durch Einbeziehung von Haushaltspanels realistisch erfasst (Single Source).

<u>Ablauf</u>: Stammkäufer weisen sich in den Testgeschäften beim Einkauf mit einer ihnen zugewiesenen Identifikationskarte aus, getätigten Verkäufe einzelnen Abnehmern verursachungsgerecht zugerechnet werden können. Die anderen Elemente, wie Handelsbevorratung, Platzierung etc. bleiben wie beim Storetest unverändert

VT: realitätsnah / wahrscheinliche Geheimhaltung / hohe Fallzahl / geringer Zeitbedarf; es wird aus einer Quelle geschöpft, d.h. die im Panel erfassten Händler verkaufen genau jene Waren, die in im Panel ebenfalls erfassten Haushalten ge- und verbraucht werden.

Damit erfährt man nicht mehr nur globale Werte, sondern spezifische Aussagen. (jedoch nur auf der Outputseite, d.h. der vor allem werbliche Input ist nur ungenügend steuerbar) weiterer Einflussnahme auf das Testdesign ist lediglich unter elaborierten Bedingungen möglich

NT: eingeschränkte Validität / Testdauer erheblich (wg. Wiederkaufsrate) / nur für FMCG's / Störeinfluss der Konkurrenz möglich / kein Test der Händlerakzeptanz

> Beispiel: TELERIM von Nielsen (elektronischer Minimarkttest - Fernsehnutzung und Einkaufsverhalten); ERIM von GFK: Anzahl von Outlets über Deutschland verteilt, im Einzugsgebiet jeweils ein Haushaltspanel mit Stammkunden (Identifikationskarte+Bon-Analyse), Erhobene Daten: Käuferreichweite, -demographie, Wiederkaufrate, Intensität; Anhand der Daten können Absatzprognosen erstellt werden

4. Mikro-Markttest(elektronisch): Kombination aus Haushaltspanel und Handelspanel zur Erfassung Konsumverhalten / Scannerkassen am POS zur Abverkaufs Kontrolle in Geschäften / örtlich gesteuerter TV und Print-Werbeeinsatz und Proben bzw. Handzettelverteilung;

Bietet die Möglichkeit der Messung des Out- und Input, durch die Möglichkeit der Steuerung des werblichen Input

Idee: Prüfung der Übertragbarkeit auf Bundesebene

> **Beispiel**: BehaviorScan / GfK Haßloch – 3.500 HH (20T EW / 9T HH) / Haushalts-ID-Card / reales Kaufverhalten (keine Simulation) / Datenerhebung nach Single-Source-Ansatz (Datenerhebung an einem Ort, in einem Haushalt mit allen Kommunikationsmitteln)
> Eigenschaften: Kabelpilotprojekt (EPF) / weitgehende Isolation / Kooperationsvereinbarung mit 90% Händler am Ort / kumulative Repräsentanz (Bevölkerung, Konkurrenz, Medien, Handel, Kaufkraft) / Targetable TV (Kabelfernsehen 2.500 Test-HH und 1.000 Kontroll-HH) / Verkaufsförderungsaktionen (Plakate, Tageszeitung etc.)
> Aufbau: Zuordnung der Einkäufe zu Test-HH / 2.500 Experimentalgruppe (davon 200 mit GfK-Box) / 1.000 Kontrollgruppe / Handelspanel für Umschlaggeschwindigkeit, Bevorratungsdauer, Verkaufsanteil (Instore Market Share), Sonderauswertungen
> Messung: alternative Werbeeindrücke / Erfolgsbeitrag TV-Werbung / Handelspromotions / Packung, Preis, Werbung / Kampagne nach Motiven; Zeitgleicher Ablauf von Handels- und Haushaltspanels

> *VT*: kein Over- bzw. Underreporting / hohe Validität unter kontrollierten Rahmenbedingungen / Relevant Set ergibt sich aus Marktrealität / Wettbewerbsaktivitäten ausgeschlossen (Haßloch-User-Club) / Carry-over (zeitlicher Überstrahlungseffekt) spill-over (räumlicher Überstrahlungseffekt) können ausgewiesen werden / Produktions- bzw. Logistikkosten vergleichsweise gering / Distribution der Produkte im Handel
> *NT*: nur für FMCG's / keine Nischenprodukte / keine Produkte mit großen Wiederkaufsabständen (nur 6 Monate) / regionale Besonderheiten nicht darstellbar / Coverage-Problem durch u.a. Tankstellen (keine komplette Marktabdeckung) / Handelsakzeptanz kann nicht getestet werden / Konkurrenzausschluss / Overspending (Werbebudget) / nicht kontrollierte Medien (Internet Radio) Gefahr der Übertestung (hohe / geringe Probierfreudigkeit) / Ursache für Erfolg bzw. Misserfolg nicht erklärbar

Absatzprognose = allgemein begründete Vorhersagen über das zukünftige Eintreffen von Situationen am Markt. nach vielfältigen Kriterien eingeteilt werden. Vor allem lassen sich qualitative (Intuitive) und quantitative (systematische) Prognoseverfahren unterschieden

Arten:
Intuitiv:

Prognostisch richtet sich meist an Experten, also Geschäftsleitungsmitglieder, Mitarbeiter, Wissenschaftler etc. Sie erfolgt münd- lich, schriftlich, telefonisch oder internetgestützt in Form von Einzelinterviews. Dies ist jedoch zumeist wenig ergiebig. Daher wird eine stärkere Formalisierung in Form der Delphi-Methode angestrebt.

Delphi unpersönliche Befragung mehrerer Informanten, die untereinander anonym bleiben, selbst nach Abschluss des Verfahrens. Die Abfrage erfolgt mit geschlossenen Fragen in mehreren aufeinanderfol- genden Runden. Befragt werden jeweils 20 bis 100 Experten. Die Koordinati- on nimmt ein Moderator vor. Nach jeder Runde werden den Teilnehmern die jeweils zurückgeflossenen Ergebnisse der Vorrunde mitgeteilt und man fordert sie auf, ihre eigene Einschätzung gemäß dem neuen, nunmehr verbesserten In- formationsstand zu überprüfen bzw. zu korrigieren. Nach drei bis vier Runden konvergieren die Einzelstellungnahmen im Allgemeinen zu einem gemeinsamen Prognoseergebnis. Delphi-Befragungen werden zumeist via

Internet durchgeführt, da dieses Medium die Anforderungen sehr gut erfüllt. Dadurch ist die Be-fragung auch vergleichsweise kostengünstig. Zudem sind Experten überdurch- schnittlich häufig zur Mitarbeit bereit.

Szenario ermittelt alle denkbaren Entwicklungen und Einflussgrö- ßen auf dem Prognosegebiet und projiziert diese in die Zukunft. Dazu wird zu- nächst eine exakte Formulierung der Aufgabenstellung vorgenommen, die zu einer klaren Definition und Abgrenzung des Untersuchungsgegenstands und -zieles führt. Außerdem legt man den zu berücksichtigende Zeithorizont fest, gefolgt von der Ermittlung aller interner und externer Einflussfaktoren (Desk- riptoren). Letztere werden für die Ist-Situation bestimmt. Man unterteilt die Deskriptoren entsprechend ihrer Tendenz im Entwicklungsverlauf in unkritische und kritische. Für kritische Deskriptoren werden alternative Tendenzen ausgearbeitet und diese in konsistente Annahmebündeln gefasst, denen man danach die unkritischen Deskriptoren zuordnet. Daraus entstehen optimistische, realistische und pessimistische Szenarien. Zugleich kommt es zur Untersuchung denkbarer Störereignisse und der Ermittlung ihrer Auswirkungen. Möglicher- weise entstehen dabei Strukturbrüche, die das Prognoseergebnis fundamental verändern. Dann ist eine Prognose nicht möglich. Andernfalls werden Präventiv- und Reaktionsmaßnahmen abgeleitet, um die Stärken und Chancen zu nut-zen sowie die Schwächen und Risiken zu vermeiden. Auf Basis dieser Ergebnisse geschieht dann die Ausarbeitung praktischer Handlungsanweisungen (oft in Form von Eventualplänen), um die prospektive Situation bestmöglich meistern zu können.

Analogieschätzung wird die zukünftige Entwicklung aus einer als analog angesehenen vergangenen Si- tuation abgeleitet. Voraussetzung dafür ist allerdings, dass diese tatsächlich hinsichtlich aller wesentlichen Belange als vergleichbar angesehen werden kann. Dies ist allerdings meist zu bezweifeln

Quantitative Prognoseverfahren lassen sich in solche auf Basis von Zeitreihen (deskriptiv) und solche auf Basis von Kausalitäten (analytisch) unterscheiden. Zeitreihenmodelle wiederum können ohne (kurzfristig-deskriptiv) oder mit Trendentwicklung (langfristig-deskriptiv) aufgebaut werden. Sie beruhen allge- mein auf vier Elementen:

> demTrend als der unabhängig von Schwankungen beobachteten Grundrichtung einer Zeitreihe,

> der Konjunktur als gesamtwirtschaftliche, mehr oder minder zyklische, langfristige Änderung einer Zeitreihe,

> der Saison als branchenbedingte, kurzfristige Änderung einer Zeitreihe,

> dem Zufall als unsystematische Änderung einer Zeitreihe

6. Angebotspflege

Produktvariation (Relaunch) →Ablösung eines Produkts durch ein neues / gleichartiges (z.B. aufeinanderfolgende Modelle eines bestimmten Typs in der Automobilindustrie) – Verlängerung des Produktlebenszyklus

Beispiel Persil:

Tabelle 11-1: Ausgewählte Variationen des Waschmittels Persil

Zeit	Trend	Variation von Persil	Schlagwort
1965	Verbreitung der Trommel- waschmaschinen	Beimischung von Schau- minhibitoren	Die vollkommene Waschpflege
1970	Einführung von synthetischen Geweben	Zusetzung von Enzymen	Persil mit Weißmacher
1973	Waschpulver muss waschma- schinenschonend sein	Beimengung von Korrosi- onsinhibitoren	Persil waschmaschinen- schonend
1986	Weniger Schadstoffe sollen ins Abwasser gelangen	Waschmittel ohne Phos- phat	Persil phosphatfrei
1994	Kleinere Verpackungen ge- wünscht	Waschmittel als Perlen anstatt aus Pulver	Persil mit den Megaperls

Ziel: Verlängerung der Marktpräsenz durch laufende Angebotsaktualisierung

Vorteil: Analgen bereits abgeschrieben → weitestgehend keine Investitionen erforderlich positiver Cash-flow

Stufen:

1. *Produktpflege:*
   > Kontinuierliche Analyse und Aktualisierung des Marketing-Mix eines Produkts anhand der Vermarktungsbedingungen (Wettbewerb, Markt, Handel, Nachfrage etc.)
   > In Form „Side-Grading" (Ablösung des bestehenden durch ein aktualisiertes Angebot auf gleichem Leistungsniveau; kleine unmerkliche Veränderung, werden oft von Verbrauchern nicht bemerkt)

2. *Produktmodifikation* (Face-Lift):
   > kleinere produktliche Änderungen lassen Modell neuartig erscheinen (i.d.R. keine grundsätzlichen Änderungen)

> oftmals vorläufige Antwort auf Konkurrenzmodelle = Vorläufer des Relaunchs, da oft erst mittelfristig reagiert werden kann

> Beispiel: Golf Reihe → Kühlergrill, Scheinwerfer, Stoßfänger

3. *Relaunch* (Umpositionierung - Produktvariation i.e.S.)

> Repositionierung in Form von Modifikation wesentlicher Marketinginstrumente (grundlegende Änderung des Produkts)

> Erhöhung der Überlebenschance durch gebrauchstechnische- (Funktionserfüllung), affektive- (Gefallen), komparative (relative Wettbewerbsposition) Veränderung

> Kann durch zwei Veränderungsrichtungen erfolgen:

o Up grading: Aufwertung des Produkts durch neue Produktausstattung, modernere Form, mehr Funktionen, höhere Leistung → An der Basis entsteht Platz für neues Produkt (Beispiel Golf-Reihe wird Weiterentwickelt) → Preiserhöhung werden durch Produktaufwertung vom Nachfrager i.d.R. akzeptiert

o Down grading: Nachfolgeprodukt ist gegenüber Vorgänger in Bezug auf Leistungsmerkmale abgewertet und wird auf Mindestmaß an Produktausstattung reduziert (Beispiel: Imac – Mac mini)

Strategisches Produktmanagement

7.Definition Marke

> Kennzeichnung für Unternehmen/Sach- und Dienstleistungen um sich bei Zielgruppen hervorzuheben und von Wettbewerbsprodukten abzugrenzen (*formal*)

> zugleich Persönlichkeit eines Leistungsangebots, die sich verstärkend zur Entscheidungsperson verhält und deren Werthaltung in ihrem sozialen Umfeld erkennbar macht (*inhaltlich*)

> Wahrnehmungsebene

Eigenschaften (UN, Konsument, Recht)

Markenarchitektur (horizontal, vertikal)

(operative) **Markenführung** in vier Phasen

> Markeneinführung → Findung eines adäquaten Produktnamens

> Markenpflege → kontinuierlich Betreuung des Markenartikels

> Markenablösung → Nachfolge einer bestehenden Marke durch neue

o Auf unterschiedliche Niveaus (Up/Down grading)

o Verschiedene zeitliche Abfolge (angekündigt, abrupt, unangekündigt abrupt, gleitend)

> Markeneliminierung → Vernichtung des Markenwerts

Markeneinführung

Markenname → deskriptiv (z.B. Zewa wisch und weg) = Aussage über Produkt, nur national; assoziativ (z.B. Brekkies) = Umschreibt Leistung, artifiziell (z.B. Kodak) = keine Produktbeschreibung, Kunstwort, international

Namensentwicklung → umfangreicher Verfahrensablauf zur Entwicklung des Markennamens mit Hilfe von Branding Agencies

Markenpflege → Kontinuierliche Betreuung der Marke durch Brandmanager

Markenablösung→ Reglung der Nachfolge einer bestehenden durch eine neue = hoher Aufwand nötig

> Genau Planung nötig, hier sind relevante Aspekte

o Markenlebenszyklus, Lebenszyklusverlängerung (Variation), Timing der Ablösung, Vorgehensweise bei der Umbenennung(Möglichkeiten), Veränderungsrichtung des Markenproduktes (Relaunch)

Möglichkeiten

> abrupte Umbenennung ohne Ankündigung (z.B. Hamburg Mannheimer – Ergo)

> abrupte Umbenennung mit Ankündigung (z.B. Raider - Twix)

> gleitende Umbenennung (z.B. D2 - D2 Vodafone - Vodafone)

> Markeneinstellung ohne Nachfolge (z.B. Cliff)

Markenwert
- Monetäre Wert einer Marke → aufgebaut durch Marktpräsenz und -erfolg
- im eignen Unternehmen immateriell → erst für Erwerber bilanzierbar (maximal Anschaffungswert/aktueller Marktwert)
- Übernahmebetrag bei U.-übernahmen oftmals nicht ökonomisch durch Vermögen, sondern durch Markenwert erklärbar
- Beispiel:

Modelle zur Bestimmung des Markenwertes
- *Finanzmodelle* (Inputorientiert: Kapitalwertmethode/metrisch)= Unternehmensbezogen beschreibt durch monetäre Indikatoren z.B. Preis, Absatz, Marktanteil einen verhältnisskalierten Wert in Euro, VT operationalisieren und vereinfachen
- *Verhaltensmodelle* (Output orientiert: Markenstärke/ordinal) marktbezogen weisen durch nicht monetäre Indikatoren z.B. Markenstärke, - treue, -image intervallskalierten Wert (Scoring) aus
- *Kombinationsmodelle* (finanz- und verhaltensorientierte Kriterien) = Anforderung werden am besten erfüllt
- *Anforderungen: operationalisierbarkeit, einfachheit, wirtschaftlichkeit, ausreichende Datenbasis, Trennung vom Produkt* , Objektivität, Zukunftsorientiert, Auffzeigen von Ursache-Wirkung

Bewertungskriterien:
- Kumulierte Nettogewinne der Marke seit Markteinführung
- Preisprämien (Summe gezahlter Preisaufschläge gegenüber markenlose)
- Markenanteil des Preises am Gesamtpreis
- Kosten der Markenentwicklung, Positionierungsvorteil, Kauftreue, Zufriedenheitsgrad
- *Zusatz*: Gewinnsteigerung; Expertenschätzung, Bekanntheitsgrad; Marktanteil; Stellung im Relevant-Set

Darlegungsanlässe (Gründe für Ermittlung des Markenwerts)
- Unternehmensbewertung, Kauf/Verkauf einzelner Marken, Markenpiraterie (Schadensersatz); Erwerb/Veräußerung von Markenrechten (Lizenz), Listung/Platzierung im Handel, Marketing-Erfolgskontrolle, Erstellung von Markteintrittsbarrieren

Kernkompetenz geschäftsübergreifende Fähigkeiten welche Zugang zu weiteren Märkten und Segmente ermöglichen; Niemals ein Produkt, sondern immer nur eine Problemlösung; Unterliegen keinen Lebenszyklen (Entscheidet über Make-or-Buy)
- Fähigkeiten werden über langen Zeitraum aufgebaut und sind vom Wettbewerb schwer zu imitieren
- Fähigkeiten beziehen sich auf vom Kunden wahrgenommene Produkt- / Leistungsmerkmale und tragen somit zur Nutzenbeurteilung des Endprodukts bei → **führen zu strategischem Wettbewerbsvorteil**
- Beschreibbar durch **VRIO**, *Value* (Rechnungslegung möglich/ bessere Erfüllung aktueller/zukünftiger Marktanforderungen), *Rareness* (Selten, Fähigkeiten nicht durch andere Problemlösungen substituierbar), *Imperfect Imitability* (Im Wesentlichen nicht durch Befragung, Analyse kopierbar), *Organizational Specificity* (nur für Eigner bzw. seine Ressourcen nutzbar/passend zum Image)
- Beispiel: Xerox Marktführer in den 1980 Jahren im Bereich Kopierer; Nach Ablauf des Patent von der Marktspitze verdrängt hinsichtlich Funktionen und Preis, Wechsel von der Kopiererstrategie hin zum ganzheitlichen Dokumentenmanagement

8. Positionierung (spezielle Form der Marktsegmentierung anhand wahrgenommener Produkteigenschaften)
- ❖ Position verschiedener konkurrierender Produkte in einem Eigenschaftsraum bestimmen

Ziel: Wahrgenommene Eigenschaften mit Soll-Eigenschaften aus Kundensicht in Einklang bringen
- ❖ Zusammengefasst werden *Grafisches*- (1. „Mapping") und *Verbales*-Verfahren (2. „Positioning Statement")
  (1) Statistische Datenerhebungen/Auswertungen → Anordnung von Objekten (Produkten, Marken etc.) in mehrdimensionalem möglichst niedrig dimensionierten Positionierungsraum um darin Koordinaten festzulegen (=Mapping)
  (2) Ergebnis der Konzeptdefinition im Marketing mit „Angebotsanspruch" (Claim) und „Anspruchsbegründung" (Reason why?) (=Positioning Statement)

Abfolge Positionsentwicklung:

❖ Abgrenzung des relevanten Markts und Feststellung der Wettbewerber
❖ Bestimmung der Angebotsdimensionen *(Festlegung der Koordinaten des Raums)*
  o Eigenschaftsraum (objektive messbar - PS, Länge des Autos); Wahrnehmungsraum (subjektive erlebbar - Zufriedenheit)
❖ Reduktion der Beurteilungsdimensionen auf wesentliche (zwei-/drei-/mehrdimensional - z.b. „Preis, Leistung")
❖ Auswahl des Positionierungsmodells / -verfahrens (Idealpunkt/Idealvektor)
  o I-Punkt (geografische Distanz zwischen ideal und real Objekt)
  o I-Vektor (Präferenz auf Fahrstrahl als Richtung und Bedeutung angegeben (je mehr desto besser)
❖ Positionierung der strategischen Wettbewerber
  o Objekte: *real* - am Markt vorkommende = ÄhnlichkeitR.; *ideal* - gewünschte = PräferenzR.; *Kombination* = Joint space)
❖ Interpretation eigener Position und Formulierung der Zielposition
  o Single-Choice-Modelle (nur Produkt das am Idealpunkt liegt wird gekauft) → ausschließliche Wahl
  o Wahlaxiom-Modell (Ideal wird am wahrscheinlichsten genommen) → Wahrscheinlichkeiten
❖ Formulierung des Positioning Statement

Positionierungsoptionen (Situation: Erstpositionierung, Positionsrevitalisierung, Umpositionierung, Positionsstärkung)
❖ Faktisch (USP - Gilette) oder kommunikative (UAP- Amsfelder-Wein stilfrei) künstliche (trill-vogelfutter) Alleinstellung
❖ Prägnante Zuspitzung (Fokussierung – After Eight) oder breite Bedarfsabdeckung (Volkswagen - das Auto)
❖ Marktschnittstelle (Knusperriegel – Form/Konsistenz) oder Dominanz (Fielmann) bestehenden Angebots
❖ Marktnische (latent / manifest oder Partizipation (Dole- Bananen Etikettierung → Me-too)
  o Latent – Kunde kauft mangels Alternativen / Manifest – Kunde verzichtet auf kauf mangels Verfügbarkeit

Operatives Produktmanagement
9. Packung

Die Verpackungspolitik umfasst alle Maßnahmen, die mit der Umhüllung von Produkten verbunden sind. Damit ist die Verpackung nicht nur notwendige Begleiterscheinung, sondern auch ein Qualitätsbestandteil des gesamten Leistungs-angebotes.

Packung: untrennbar mit dem Produkt verbunden z.b. Schampooflasche (Umschließt Packgut, eine Verkaufseinheit)
Verpackung → abtrennbar mit Produkt verbunden (Einschlagpapier bei Schokolade)
Umverpackung
  ➤ Bündelung von Einzelprodukten aus logistischen Gründen (leichtere Lagerung besserer Transport)
  ➤ z.B. „Kartonage beim Sixpack Bierdosen"
Ausstattung werbliche Präsentation des Produkts durch Form, Farbe, Material → Aufkleber /Deckelbedruckungen bei Joghurtbechern
Aufmachung → anlassbezogene Gestaltung eines Produkts →Geschenkaufmachungen anlässlich Muttertag

Packstoff → Werkstoff aus dem Packmittels hergestellt ist (Holz, Glas etc.)
Packmittel → Ergebnis des Packstoffs zur Umschließung der Ware für Transport (Umhüllung)
Lade-, Transport-, Lagereinheit →genormte standardisierte Einheiten (Palettiert)
Einwegverpackung → Packmittel zum einmaligen Gebrauch (Kartons, Tuben, Einwegflaschen)
Mehrwegverpackung → Packmittel die im Leih- und Rückgabeverkehr genutzt (Flaschen Fässer)
Praxis:
Transportverpackung → Anforderung von Logistikkette bestimmt – erleichtern Handling, Lagerung, Platzierung etc.
Versandverpackung → Transportverpackung welche mehrere Einzelverpackungen enthält
Ladungsträger → transportieren mehrere Versandverpackungen (Europaletten)
Ladungssicherung → alle Packmittel die der Sicherung der Versandverpackungen auf Ladungsträger dienen

Packungsfunktion:

1.hinsichtlich der **Rationalisierung (** Optimierung7Effizienzverbesserung durch bessere Nutzung vorhandener Möglichkeiten z.B. Kostensenkung/Auslastung/Kapazität)

> *Logistik*: Transportverbesserung; verbesserte Lagerfähigkeit/-Kontrolle; Robustheit; Stapelbarkeit Ware für Lagerung/Transport
> *Dimensionierung*: Mengeneinteilung d. Ware; Formatierung d. Gebinde Größe; optimale Regalflächennutzung; Abfüllungsnormierung gemäß Maßeinheit
> *Information*: warenwirtschaftliche Kennzeichnung; Ausweis des Anwendungssphäre d. verpackten Ware; gesetzliche und behördliche Pflichtangaben

2.hinsichtlich der **Kommunikation**

> *Präsentation*: Anmutung in Zielgruppe; Differenzierung d. Ware gegenüber Wettbewerb; Profilierung der Ware in Zielgruppe
> *Verkaufserleichterung*: Auffälligkeit der Packung im Konkurrenzumfeld; Übertragung medialer Werbeaussagen auf Kaufprozess

3.*Qualitätsauslobung*: Markierung d. Ware für akquisitorische Zwecke, Herstellerkennzeichnung, Produktkennzeichnung

4.*Verwendungserleichterung (Convenience)*: Dosierung und Mehrfachnutzung d. Wareninhalts; Sichtbarkeit des Inhalts

Packungsgestaltung → Besonderheiten wie bei Apple → Design Verkaufsverpackung suggeriert Kunden entsprechenden Inhalt!

Logistikansprüche → Versandverpackungen einfach/schnell ohne Hilfsmittel zu öffnen; Einhaltung ISO Normen (Abmessung etc.)

Entsorgungsansprüche → DSD stellt sicher Packungen erfasst - stofflich sortiert und verwertet (Abfallsortierungserleichterung!)

No-Frills (ohne Schnickschnack)

> Strategie zur Verschlankung der angebotenen Leistungen (lediglich Grundbedürfnisse keine Extras) (=Muss-Leistung)
> Nur Umsetzung der Gesetzesvorlage, mehr nicht. Mehr Service durch Entgelt bezahlen (Kann + Soll-Leistung)
> Beispiel: bei Billigfluggesellschaften (Ryanair) → häufig mit einer Niedrigpreisstrategie verbunden, Verzicht auf unterschiedliche Beförderungsklassen, keine Bonusprogramme
> Bsp.: Kundenservice = Differenzierung durch Service der über Branchenstandart hinaus geht (Soll+Kannservice =hohe Kosten); CD-Paradigma: Überlagerung von Produktangeboten führt zu Enttäuschung beim Wiederkauf, da Erwartung zu hoch; Kundenzufriedenheit sinkt; einmal angebotener Service kann nicht zurück genommen werden.

10. Bedeutung der Qualität (=Eignung einer Leistung kundengestellten Anforderung gerecht zu werden) = Möglichst genau auf Zielgruppe ausrichten

> nicht objektiv, sondern subjektiv in Wahrnehmung der Zielpersonen (in Technik hat Qualität objektiven Charakter)
> Entscheidend für Existenz jedes Unternehmens denn → „Q. kostet Geld" – „Nicht-Q. kostet Vermögen"
o Daher aktive Förderung statt passiver Verteidigung der Qualität
> Höhere Q. realisiert Kostenvorteile (Six sigma) = schon mittelfristig sind Nachbesserungen Kostentreiber
> Höhere Produktqualität führt zu mehr Return on investment (bewiesen im PIMS-Projekt) und Wettbewerbsvorsprung
> Hohe Q. führt zu Kundenzufriedenheit und damit zu Käuferloyalität → erhöht die Kundenwertslebenszeit
> Qualitätskosten daher als Investitionskosten zu sehen
> Qualität integraler Bestandteil des Produktionsprozess (Fehlermessung zu jedem Zeitpunkt)
> Beispiel: Qualität langfristiger Garant für Unternehmenserfolg. (nur Soll-Service, kein Kann-Service)

Gauß'sche Normalverteilung: zeigt Produktionsqualität

> Produktionsqualität standardisiert über Mittelwert und Standartabweichung
> gibt Auskunft über die Fehlerquote in der Produktion
> Sigma 6 höchste Stufe 99,99996% Qualitätsniveau, Sigma 3 in Deutschland Standard
> Erhöhung möglich jedoch aus Kostensicht nicht sinnvoll
> Beispiel: GE produziert Sigma 6

Qualitätsmanagementsysteme → „Der beste Fehler, ist der Fehler der gar nicht erst passiert"

> Zertifizierung (Prüfung des kompletten Systems → DIN)
> Qualitätsauszeichnungen (bei herausragender Qualität)
> Qualitäts-Audit: Produkt, Prozess, System [Verfahren zur Überwachung/Verbesserung aller Teile QM.-Systems]

Instrumente zur Planung der Qualität (mittels Fehlervermeidung)

Fehlervermeidung
 ➢ Poka Yoke (Permanente Qualitätsverbesserungen durch Vermeidung unbeabsichtigter Fehler)
 ➢ Kaizen (kontinuierlicher Verbesserungsprozess)
 ➢ Fishbone-Analyse (Ursache-Wirkungs-Diagramm)

Qualitätssteuerung Ziel →6 Sigma = kontinuierlicher Prozess = Fehlervermeidung (Nichterfüllen einer Festgelegten Forderung)
 ➢ PDCA (Plan, Do, Check, Act) = Zyklus zur Erreichung von 6 Sigma (Verbesserungen laufend testen)
 ➢ Qualitätskosten: „Qualität kostet Geld , jedoch weniger als Nachbesserungen"
 o Rule of Ten= Exponentielle Kosten, Fehlerbehebungskosten steigen um Faktor 10 je Wertschöpfungsstufe

11. Gewerbliche Schutzrechte → Schützen geistiges Eigentum

Schutzrechte haben aus marktwirtschaftlicher Sicht vor allem die Funktion: eine optimale Abfolge von Vorstoß und Verfolgung (Challenge & Response) zu gewährleisten. Wettbewerb ist ein Entdeckungsprozess, der Innovation begünstigt. (Marktvorsprünge) und damit untrennbar verbunden mit Risiken, die nur eingegangen werden wenn Vorstoß genügend Vorteile einbringt, welche die Risiken überkompensieren. Daher besteh ein übergeordnetes Interesse daran, dem Innovator einen gewissen Schutz vor Nachahmern zu gewähren. Jedoch Schutz nicht zur Sanktionierung einer dauermonopolartigen Stellung ausarten lassen. (Gefahr der missbräuchlichen Ausnutzung der Möglichkeit zur Marktbeherrschung)

Patent schützen erfinderische Leistungen auf dem Gebiet der Technik =technisch
 ➢ Voraussetzung technisch und gewerblich anwendbare Erfindung und absolute Neuheit (nicht Stand der Technik)
 ➢ Anmeldung - Prüfung - Offenlegung - Patenterteilung - Einspruchsfrist → Laufzeit 20 Jahre
 ➢ Beispiel: Funktion (Ambilight) der Hintergrundbeleuchtung am TV von Samsung

Gebrauchsmuster = funktional
 ➢ treten ohne Prüfung in Kraft und besitzen geringere Erfindungshöhe
 ➢ neu, erfinderischer Schritt, gewerblich Anwendbar
 ➢ Anmeldung - formelle Prüfung - Gebrauchsmusterrolle → Laufzeit 10 Jahre
 ➢ Beispiel: „kleines Patent"

Geschmacksmuster → z.B. „Runde Ecken" bei Apple = ästhetisch
 ➢ Schützen alleinige Nutzung einer ästhetischen Gestaltungsform (Design, Farbe, Form)
 ➢ Anmeldung - nur formelle Prüfung → Laufzeit 20 Jahre
 ➢ Beispiel: Tapetenmuster, Autoformen

Marke = symbolisch
 ➢ Gewerblich genutztes Kennzeichen zur Unterscheidung von Wettbewerbsprodukten
 ➢ Formen des Markenschutzes (3 Arten)
 o Notorische Bekanntheit über alle Markenklassen hinweg (auch wenn nicht eingetragen und derzeit nicht genutzt), hier aber ungestützter Bekanntheitsgrad „>60%"
 o Berühmtheit in einer Markenklasse (auch wenn dort nicht eingetragen, aber dennoch benutzt), hier ungestützter Bekanntheitsgrad „>30%"
 o Eingetragene und benutzte Marke in jeweiliger Klasse → Schutz verfällt nach 5 Jahren
 o Beispiel: Wort=Persil; Zeichen=Mercedesstern

Urheberrecht = künstlerisch
 ➢ Schützt die geistige Schöpfung des Urhebers → kann an dritte gegen Entgelt zur Nutzung abgegeben werden
 ➢ Beispiel: Schutz Geistigen Eigentums

Arbeitnehmererfindungen → Beispiel: Post-It's
 ➢ Während der Arbeitszeit erfunden und an Arbeitgeber abzutreten (Arbeitnehmer hat Anspruch auf Vergütung)

12. Dimensionen des Produktprogramms → Arbeiten an der Optimalen Unternehmensgröße

Aktuell: Unternehmen sind rentabler wenn sie sich Gesund schrumpfen)

Trend → Programmbreite sinkt und Programmtiefe steigt

> ➢ Reduktion Programmbreite durch Orientierung an Kernkompetenz und Reduzierung der Komplexitätskosten
> ➢ Erhöhung der Programmtiefe durch Trend zur Individualisierung der Produkte am Markt

Eng: wenig verschiedene Produkte

Breit: viele verschieden Produkte

Flach: wenige Versionen eines Produktes

Tief: viele Versionen eines Produktes

1) Gestaltung der Programmbreite

Programdiversifizierung (=führt zur **Erhöhung der Programmbreite**) = Zusammenfassung nicht verwandter Elemente in einem Programm

VT: senkt das Geschäftsrisiko, durch Verteilung auf verschiedene Geschäftsfelder, Gewinnpotenziale können optimal genutzt werden, zusätzliche Kundenpotenziale, Wettbewerb entgehen und Marktwiderständen ausweichen

Beispiel RAG: Kernkompetenz (Energie durch Kohle), Aufbau einer SGE für Immobilien um Mitarbeiter zu Versorgen und dem Aufbau einer Chemiesparte

Unterschieden nach Grad der Verschiedenartigkeit

Homogen (noch Bezug zur Kernleistung) = artähnliche Produkte und Märkte (Nutzung von Synergieeffekten und Ein-/Ausgrenzung von wettbewerbsspannen)

> ➢ Horizontal (=gleiche Marktstufe+ artähnliche Produkte)
> o Erweiterung des bisherigen Produktprogramms um Produkte, die in fertigungstechnischem, beschaffungswirtschaftlichem oder absatzwirtschaftlichem Zusammenhang mit dem bisherigen Programm stehen =Synergien
> 1. Inputtreue = Material (immer selber Input für neues Produkt) (Milch für Käse, Joghurt)
> 2. Problemtreue = Nachfrager (verschiedene Probleme mit selben Ziel) (z.B. Minimalisierung von technischen Geräten, Ipad, Ipod
> 3. Wissenstreue = Funktion (gemeinsame Wissensbasis) = Schlüsselfertig bauen
> ➢ Vertikal (=andere Marktstufe): =Vermeidung von Zwischengewinnen
> o Auf vor- oder nachgelagerte Produktionsstufe; Unternehmen bleibt in seinem bestehenden Tätigkeitsbereich (downstream=in Kundenrichtung; Upstream=in Richtung Lieferanten)

Heterogen (artfremd+ fremder Markt)

> o Medial (lose verwandtes Tätigkeitsfeld), diagonal (loseverwandtes Tätigkeitsfeld + andere Marktstufe)
> o Lateral(unverbundenes Tätigkeitsfeld+ gleiche Marktstufe), konglomeral (unverbundenes Tätigkeitsfeld+ andere Marktstufe)

Programmunifizierung (Eliminierung von differenzierten Produktangeboten; **Programmbreite verringert** sich)

> ➢ Kürzung (Produktsparten, Einzelprodukten), Komplexitätskosten, Kernkompetenznutzung →Trend
> ➢ Gesund schrumpfen zur Erreichung der optimalen Unternehmensgröße durch Streichung von Produktgruppen
> ➢ Beispiel Mercedes-Benz: Konzentration auf Kernkompetenz des Autobaus; Andere SGE's wie z.B.Luftfahrt- und Rüstungsindustrie werden abgestoßen

2) Gestaltung der Programmtiefe

Programmdifferenzierung (Steigerung der Programmtiefe)

> ➢ zeitgleiche Angebot mehrerer voneinander abgehobener Versionen eines Basisproduktes (Unterschied zur Variation)
> ➢ Erhöhung der Programmtiefe bei unveränderter Breite (Basisprodukt als Ausgangspunkt)
> ➢ oft in Verbindung mit Preisdifferenzierung und einhergehend mit Marktsegmentierung;
> ➢ z.B. Light/Premium-Versionen

Ziel → Abschöpfung der Konsumentenrente vs. Kanibalisierung

Richtungen:

> ➢ in Bezug auf eigenes Unternehmen durch unterschiedliche Markennamen, verschiedene Verpackungen,

unterschiedliche Oberflächengestaltung, Service und Produkteigenschaften
- ➢ In Bezug auf die <mark>Konkurrenz</mark> Region, soziodemographisch, nach Einkommen,

Beispiel Golf: Basisprodukt Golf; Versionen: Golf Plus, Golf GTI, Golf Combi

Programmstandardisierung (Kürzung, **Reduzierung der Programmtiefe**)
- ➢ Verzicht auf abgehobene Produkte innerhalb einer Produktgruppe
- ➢ VT: prägnante Profilierung
- ➢ NT: kleiner Abschnitt des Marktes angesprochen

Beispiel: RyanAir bietet nur eine Beförderungsklasse an

13. Marktsegmentierung

- ➢ Aufteilung eines Gesamtmarktes in Teilmärkte hoher interner Homogenität bei gleichzeitiger hoher externer Heterogenität (Nachfrager sind innerhalb des Segments sehr ähnlich / außerhalb jedoch sehr verschieden)
- ➢ Homogenität erlaubt Anwendung eines gleichartigen Marketing-Mixes innerhalb des Segments

Voraussetzung Mindestens 2 Teilmärkte (kein Arbitrage) - Trennfähigkeit / Operationalisierbarkeit (Abweichung) der Märkte - ökonomisch sinnvoll - Zugänglichkeit (über Medien / Distributoren)

Abgrenzungs- / Einteilungskriterien (Marktsegmentbeschreibung) → 6 Kriterien können auch kombiniert werden

D
A
P
S
T
N

- ➢ Demografisch (nachfragerstrukturell und leicht feststellbar –Beispiel: Alter 30, Geschlecht, Einkommen über 200.000, Beruf
- ➢ Aktiografisch (prozessuale Entscheidungskriterien beim Kauf – Beispiel :Preisbedeutung, Einkaufsstättenwahl)
- ➢ Psychografisch (verborgene Ursachen für Kaufentscheid – Beispiel: Einstellung, Motivation, Emotion, Risikoempfinden)
- ➢ Soziografisch (offene liegende Ursachen für Kaufentscheid – Beispiel: Kultur, Familie, Oberschicht)
- ➢ Typologisch (ganzheitliche Elemente bzw. Typisierung von Käufern –Beispiel: Werte, Lebensstil)
- ➢ Neurologisch

Stufen der Einteilung → Je mehr Stufen, desto geringer das Marktpotenzial
- ➢ Einstufig - Lediglich ein Kriterium zur MS
- ➢ Mehrstufig simultan - Zwei oder mehr Kriterien gleichzeitig
- ➢ Mehrstufig sukzessiv - Zwei oder mehr Kriterien nacheinander

VT: bessere Bedarfsbefriedigung, Vermeidung Kanibalisierung, Präzisierung der Zielgruppe, gezielter Marketing-Einsatz

Sunk-Cost → z.B. Aktien 32€ → 9€ - Banker sagt nachkaufen
- ➢ Sind Kosten /Verluste die bereits entstanden sind (Vergangenheit) und nicht mehr rückgängig gemacht werden können, dürfen in Gegenwart aber keine Rolle mehr spielen
- ➢ Sunk-Cost-Phänomen→ Personen geben immer mehr aus um Verluste der Vergangenheit zu kompensieren
- ➢ Beispiel Filmindustrie: Fortsetzungen erzeugen bei Konsumenten des ersten Film eine Überdurchschnittliche Nachfrage aufgrund der **vergangenen Kosten** (Zeit, Preis) amortisieren wollen und Wissen wie die Geschichte ausgeht

14. Programm-Analyse

Analytische-Verfahren (Ist-Analyse des Marktumfeldes)

Stärken-Schwächen-Analyse → „Stärken weiter stärken" Schwächen vernachlässigen = Hebelwirkung bei Stärken größer
- ➢ Dient der Gegenüberstellung eigener Position zur (stärksten Konkurrenzposition)
- ➢ tatsächliche Situation des eigenen Unternehmens in Relation zu Konkurrenten
- ➢ Stärke ist Situation bei der eigenes Unternehmen wettbewerbsüberlegen und Schwäche bei der eigenes Unternehmen wettbewerbsunterlegen ist
- ➢ Mehrere Konkurrenten ergeben mehrere Stärken/Schwächen-Profile
- ➢ Beispiel Einzelhandel: Stärken = viel Laufkundschaft; Schwächen = wenig Marktforschung und -beobachtung

Chancen-Risiken-Analyse
- ➢ Dient der Beschreibung der Umfeldfaktoren der Vermarktung eines Produkts in der Zukunft
- ➢ marketingbezogene Entwicklung der relevanten Umfeldfaktoren in Bezug auf das eigene Unternehmen
- ➢ Chance ist Situation die positiv für eigenes Unternehmen, Risiko eine solche die negativ ist
- ➢ Einflussfaktoren können anhand Ihrer Einflussstärke gewichtet werden

- ➢ Chancen / Risiken können hinsichtlich ihrer Eintrittswahrscheinlichkeit bewertet werden
- ➢ Hilfsmittel bildet i.d.R. die Szenario-Technik (Worst-Case / Best-Case Szenario)
- ➢ Beispiel Einzelhandel: Chancen=neue Märkte(Online); Risiken= Preiskampf durch Transparenz der Märkte

SWOT-Analyse

- ➢ kombinierte Stärken-Schwächen- und Chancen-Risiken- Analyse.
- ➢ **Möglichkeiten:**
- ➢ 1. einfache **Stärken-Schwächen-Chancen-Risiken-Matrix**. Dabei wird eine Vierfelder-Matrix erstellt. In die oberen beiden Zellen werden die festgestellten Schwächen beziehungsweise die Stärken abgetragen, in die unteren beiden die festgestellten Risiken und Chancen (siehe Abbildung: Stärken-Schwächen- Chancen-Risiken-Matrix). Damit ist der Ist-Situations-Analyse Rechnung getragen. (**SWOT**)
- ➢ 2. erste Empfehlungen in Richtung einer später einzuschlagenden Strategie gegeben werden. Dazu wird die Vier- felder-Matrix um je zwei Kopfzeilen- und Kopfspaltenfelder ergänzt (**TOWS**)

Strategie-empfehlungen:

- ➢ Treffen Angebotsschwächen und Umfeldchancen zusammen (WO), heißt es ausnahmsweise, die komparativen Rückstände aufzuholen, da ansonsten die Chancen des Marktes nicht genutzt werden können.

- ➢ Treffen Angebotsstärken und Umfeldchancen zusammen (SO), heißt es, die eigene Position auszubauen, da das Angebot konkurrenzüberlegen ist und vom Markt »Rückenwind« erhält.

- ➢ Treffen Angebotsstärken und Umfeldrisiken zusammen (ST), heißt es, die eigene Position abzusichern, um sich gegen Rückschläge zu schüt- zen, welche die komparativen Vorteile zunichtemachen. Treffen Angebotsschwächen und Umfeldrisiken zusammen (WT), heißt es, die Marktposition unbedingt abzubauen, da diese weder konkur- renzüberlegen noch zukunftsträchtig ist

Dies zeigt schon die strategischen Prioritäten an. Allerdings ist die SWOT-Analyse noch viel zu unscharf und zu wenig präzise. Daher entstand der Wunsch nach einer exakteren Fassung der Dimensionen. Vor allem geht es dabei um die Operationalisierung, d.h. Messbarmachung der qualitativen Größen der SWOT- Analyse.

Portfolio-Matrix

Die SWOT-Analyse ist der unmittelbare Vorläufer des Vierfelder-Portfolios (nach Boston Consulting Group). Allerdings werden darin die qualitativen, weichen Dimensionen Stärken, Schwächen, Chancen und Risiken durch quantitative, exakte Dimensionen ersetzt. Die Abszisse (Stärken-Schwächen-Dimension) wird durch den »relativen Marktanteilswert« gebildet, die Ordinate (Chancen- Risiken-Dimension) durch die »durchschnittliche Marktwachstumsrate«.

Die Wahl dieser Größen ist nicht zufällig. Hinter der Abszisse wird die Kos- tendegressionskurve gesehen. Die Kostendegression besagt, dass die Stückkos- ten mit zunehmender Ausbringung sinken, weil die Fixkosten sich mit steigender Stückzahl immer besser je Stück umlegen lassen. Je niedriger die Stückkosten, desto besser ist die Konkurrenzposition. Daher spiegelt die Kostendegressions- kurve die Stärken beziehungsweise Schwächen wider. Die Ausbringungsmen- ge drückt sich im Marktanteil aus. Da Stärken beziehungsweise Schwächen im- mer komparativ sind, kommt es nicht auf die absolute Höhe des Marktanteils an, sondern auf die Marktanteilshöhe relativ zum größten Konkurrenten. Genau dies gibt der relative Marktanteilswert als Quotient wieder.

Hinter der Ordinate wird die Marktlebenszykluskurve gesehen, bei der zu Beginn des Lebenszyklus die Chancen die Risiken überwiegen, weil ein Wachs- tumstrend zugrunde liegt, wohingegen am Ende die Risiken die Chancen über- wiegen, weil man sich auf die Marktsättigung hinbewegt. Daher wird die Markt- wachstumsrate als Indikator für Chancen beziehungsweise Risiken gesehen. Dafür wird ein Durchschnittswert der vergangenen und zukünftigen Jahre auf Basis von Expertenschätzung zugrunde gelegt.Im Unterschied zu Stärken und Schwächen beziehungsweise Chancen und Risiken liegen nunmehr metrisierbare Skalenwerte in Form des relativen Markt- anteilwerts und der durchschnittlichen Marktwachstumsrate vor.

Matrix

Die Portfolio-Matrix sieht nun folgendermaßen aus:

Die Abszisse (horizontal) wird durch den relativen Marktanteilswert gebildet. Dabei wird meist beim Wert von 1 eine

Senkrechte eingezo- gen (mathematisch: das Lot gefällt).

Die Ordinate (vertikal) wird durch die durchschnittliche Marktwachs- tumsrate gebildet. Dabei wird in Höhe eines Erfahrungsmittelwerts ei- ne Waagerechte eingezogen (das Lot gefällt).

Vierfelder-Portfolio

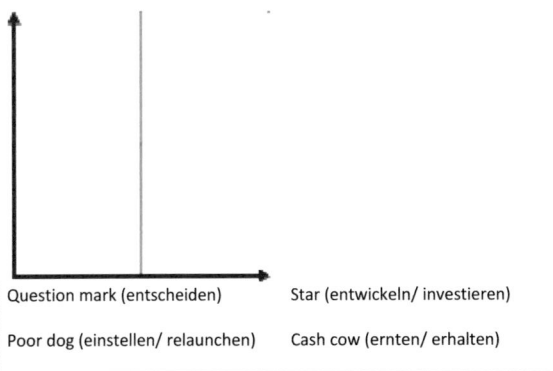

Question mark (entscheiden)   Star (entwickeln/ investieren)

Poor dog (einstellen/ relaunchen)   Cash cow (ernten/ erhalten)

Relativer Marktanteilswert/Durchschnittliche Marktwachstumsrate

So entstehen vier Felder, für die strategische Empfehlungen gegeben werden (siehe Abbildung »Vierfelder-Portfolio«).

Allerdings wird zur detaillierteren Analyse nicht mehr das gesamte Unter- nehmen untersucht, sondern vielmehr einzelne strategische Geschäftseinheiten (SGE). Eine **strategische Geschäftseinheit** ist eine Produkt-Markt-Kombination im Unternehmen als interne Steuerungsgröße. Diese Einteilung muss nicht mit der Organisationsstruktur übereinstimmen. Wichtig ist nur, dass jede Unterneh- menseinheit, die ein marktunverbundenes Produkt auf einem eigenständigen Nachfragesegment anbietet, als SGE gesehen wird.

Strategie

Die vier entstehenden Felder der Matrix sind mit anschaulichen Namen verse- hen, was sicherlich zur Popularität dieser Analyseform beigetragen hat:

Die Kombination aus hohem Durchschnittsmarktwachstum und niedrigem Relativmarktanteil heißt **Fragezeichen**.

Die Kombination aus hohem Durchschnittsmarktwachstum und hohem Relativmarktanteil heißt **Sterne**.

Die Kombination aus niedrigem Durchschnittsmarktwachstum und ho- hem Relativmarktanteil heißt **Melkkühe**.

Die Kombination aus niedrigem Durchschnittsmarktwachstum und niedrigem Relativmarktanteil heißt **Arme Hunde**.

Je nachdem, in welchem dieser Felder sich eine strategische Geschäftseinheit topografisch befindet, gilt für diese eine andere strategische Normempfehlung. Diese Normstrategien lauten wie folgt:

Fragezeichen: Für diese SGEs gilt es zu entscheiden, ob sie das Poten- zial zur Marktführerschaft haben oder nicht. Entsprechend ist in sie zu investieren oder sie werden eliminiert. In jedem Fall ist die Cashflow-Bilanz negativ.

Sterne: Für diese SGEs gilt, die Marktführerschaft auszubauen. Dement-sprechend sind hier massive Investitionen zu tätigen. Zugleich erfolgen erhebliche Mittelrückflüsse. Die Cashflow-Bilanz ist ausgeglichen.

Melkkühe: Für diese SGEs gilt, dass nur mehr Ersatzinvestitionen ge- tätigt werden. Daher ergeben sich hohe Mittelüberschüsse. Die Cash- f l o w -Bilanz ist demnach positiv.

Arme Hunde: Für diese SGEs gilt, dass sie zu eliminieren sind, sofern e s nicht möglich erscheint, sie mit neuer Marktdynamik und Positions- stärkung zu versehen. Die Cashflow-Bilanz ist ausgeglichen.